MUSÉE ROYAL

DU LUXEMBOURG,

RECRÉÉ EN 1822,

ET COMPOSÉ DES PRINCIPALES PRODUCTIONS

DES ARTISTES VIVANS;

EXTRAIT DES ANNALES DU MUSÉE ET DE L'ÉCOLE MODERNE
DES BEAUX-ARTS.

PAR C. P. LANDON,

Peintre, Chevalier de la Légion d'honneur, Conservateur des
tableaux du Musée royal.

A PARIS,

Au Bureau des ANNALES DU MUSÉE, quai de Conti, n.° 15,
près la Monnaie.

IMPRIMERIE ROYALE.
1823.

AVERTISSEMENT.

La Galerie aujourd'hui Musée royal du Luxembourg contenait autrefois, outre les tableaux de l'histoire de Henri IV et de Marie de Médicis, connus sous le nom de Galerie de Rubens, une grande partie des tableaux du cabinet du Roi. Ces derniers furent depuis portés à Versailles, et réunis à ce magnifique cabinet, auquel le Musée actuel doit ses principales richesses : il avait été commencé par François Ier, prodigieusement augmenté par Louis XIV, et continué par ses successeurs.

A l'époque de la révolution, le palais du Luxembourg fut dépouillé de sa galerie; il la recouvra après dix années de trouble et de confusion, et l'on y joignit un certain nombre de tableaux modernes. Mais, la galerie de Rubens ayant été réunie en 1815 au Musée du Louvre, Sa Majesté a voulu la remplacer par des ouvrages des artistes vivans. Cet établissement nouveau n'est pas moins intéressant pour le public qu'il est avantageux pour les peintres français.

A l'exception des paysages et de quelques compositions peu susceptibles d'être reproduites au simple trait, nous donnons ici la collection complète de la Galerie actuelle du Luxembourg, dont les différens morceaux ont été précédemment publiés dans les Annales du Musée. Ce sont les mêmes planches, et nous y ajoutons l'indication du petit nombre de sujets dont nous n'avons pas fait graver l'esquisse.

Nous nous sommes décidés à publier cet extrait des Annales, pour répondre au desir de quelques amateurs, et pour la commodité des personnes qui, voulant connaître spécialement la Galerie du Luxembourg, ne seraient pas dans l'intention d'acquérir une suite de vingt-cinq volumes, où ces différens sujets se trouvent disséminés.

EXPLICATION

DES PLANCHES.

PLANCHE 1.re Henri III à son lit de mort; tableau de chevalet par M. *Beaume*. Henri III, près de mourir, dit au roi de Navarre, après l'avoir embrassé : « Si Dieu dispose de moi, » je vous laisse ma couronne comme à mon légitime suc- » cesseur. » Ayant fait approcher tous les courtisans, il leur recommanda de reconnaître le roi de Navarre comme leur souverain.

PL. 2.e Service funèbre du Poussin; tableau de chevalet par M. *Bergeret*. Le Poussin mourut à Rome le 19 novembre 1665, âgé de soixante-onze ans. Ses obsèques se firent le lendemain dans l'église de Saint-Laurent *in Lucina*, sa paroisse, où son corps fut déposé. Tous les peintres de l'académie de Saint-Luc et les amateurs des beaux-arts y assistèrent, témoignant par leur douleur le regret que leur causait la perte d'un aussi grand artiste.

PL. 3.e Zénobie trouvée mourante sur les bords de l'Araxe; tableau de M. *Blondel*. Rhadamiste, roi d'Ibérie, chassé par les Arméniens, dont il avait tué le roi, fut accompagné dans sa fuite par Zénobie sa femme, qui ne put supporter long-temps les fatigues du chemin. Ses forces étant épuisées, elle pria son époux de lui donner la mort, pour la soustraire à une honteuse captivité. Ce prince, que l'amour détournait d'une action si étrange, l'exhortait à reprendre courage; mais enfin, voyant qu'elle ne pouvait avancer, et vaincu par la crainte qu'elle ne devînt la proie de ses ennemis, il la perça d'un coup d'épée, et la jeta dans le fleuve, pour que son corps ne tombât pas au pouvoir de ses persécuteurs. Cependant les eaux ayant baissé la déposèrent sur le rivage, où elle fut trouvée par des pasteurs, qui la rappelèrent à la vie.

Pʟ. 4.ᵉ Le Lévite d'Éphraïm, par M. *Couder*. Le peintre a choisi le moment où le Lévite retrouve son épouse expirante. Le jour commence à paraître ; on aperçoit dans le fond du tableau les coupables Benjaminites qui se retirent.

Pʟ. 5.ᵉ Adam et Ève ; tableau de M. *Couder*. Ce sujet est tiré du poème de Milton, *le Paradis perdu*, liv. ɪv. Le prince des enfers, pendant le sommeil des deux premiers époux, pénètre dans Éden, où, caché sous la figure d'un serpent, il cherchait à corrompre Ève, lorsque deux anges, Ithuriel et Zéphon, viennent à son secours, et chassent l'esprit de ténèbres. A leur vue, Satan reprend sa forme, et, forcé de s'éloigner, il menace de son sceptre ses victimes, en bravant le ciel.

Pʟ. 6.ᵉ Valentine de Milan ; tableau de chevalet par M. *Coupin de la Couprie*. Après la mort du duc Louis d'Orléans, son mari, lâchement assassiné par le duc de Bourgogne, elle lui fit ériger un monument aux Célestins de Paris. Chaque jour elle y venait prier et pleurer.

Pʟ. 7.ᵉ Le Serment des Horaces, par M. *David*. Le peintre les a représentés au moment où ils viennent demander à leur père la permission de combattre. Celui-ci, transporté de joie, les exhorte à se rendre dignes d'un aussi grand honneur. Il les fait jurer de vaincre ou de mourir.

Pʟ. 8.ᵉ Les Thermopyles, par M. *David*. Les trompettes, en sentinelle sur une hauteur, signalent les premiers mouvemens de l'armée de Xerxès. Chacun court aux armes : les guerriers s'embrassent pour la dernière fois, et se disposent au combat. Assis sur un rocher au milieu de ses trois cents braves, Léonidas, profondément ému, semble méditer sur la mort prochaine et inévitable de ses amis.

Pʟ. 9.ᵉ Les Sabines, par M. *David*. Le moment est celui où le combat entre les Romains et les Sabins est interrompu par la présence des Sabines. Romulus va lancer son javelot sur Tatius : celui-ci, le regard fixé sur son adversaire, s'apprête à prévenir le coup ; Hersilie suppliante se précipite entre les deux combattans, et cherche à calmer leur fureur.

Pʟ. 10.ᵉ Les licteurs rapportent à Brutus les corps de ses fils qu'il a condamnés à mort et fait exécuter sous ses yeux. Tableau de M. *David*.

Pʟ. 11.ᵉ Bélisaire demandant l'aumône; tableau de chevalet par M. *David*. C'est la répétition d'un plus grand tableau que l'artiste présenta en 1782 pour être agréé à l'académie. Bélisaire est représenté assis, au pied d'un arc de triomphe qui rappelle ses exploits. Un enfant qui lui sert de conducteur, reçoit dans un casque une pièce de monnaie que lui donne une femme touchée de compassion. Plus loin, un soldat témoigne sa surprise en reconnaissant son général.

Pʟ. 12.ᵉ La Mort de Socrate; tableau de chevalet par M. *David*. Socrate, assis sur un lit dans sa prison, est entouré de quelques philosophes ses amis et de plusieurs de ses disciples. La consternation est peinte sur la figure des assistans; lui seul est calme, et prend avec indifférence la coupe fatale, que l'esclave lui présente en détournant la tête.

Pʟ. 13.ᵉ Les Amours de Pâris et d'Hélène; tableau de chevalet par M. *David*.

Pʟ. 14.ᵉ Dante et Virgile; tableau de M. *Delacroix*. Conduits par Phlégyas, ils traversent le lac qui entoure la ville infernale de Dité. Des coupables s'attachent à la barque, ou s'efforcent d'y entrer. Dante reconnaît parmi eux des Florentins. Ce sujet est tiré de *l'Enfer* du Dante.

Pʟ. 15.ᵉ Céphale enlevé par l'Aurore; tableau de M. *Delorme*.

Pʟ. 16.ᵉ Orphée et Eurydice, par M. *Drolling*. Orphée, suivi de son épouse, que Pluton lui a rendue, ayant oublié la défense qui lui a été faite de tourner ses regards vers Eurydice avant qu'ils soient sortis du séjour infernal, elle lui est ravie pour la seconde fois et sans retour.

Pʟ. 17.ᵉ Apollon et Cyparisse, par M. *Dubuffe*. Cyparisse ayant tué par mégarde un jeune cerf qu'il élevait avec beaucoup de soin, en eut tant de regret, qu'il voulut se tuer. Apollon, touché de sa douleur, le métamorphosa en cyprès.

Pl. 18.ᵉ La Peinture, ou Van Dyck et la jeune Flamande ; tableau de chevalet par M. *Ducis*. Van Dyck, très-jeune encore, se rendait en Italie pour y étudier la peinture. Passant par un petit bourg aux environs de Bruxelles, il se laissa prendre aux charmes d'une jeune fille, et céda au desir qu'elle lui témoigna d'obtenir de lui un tableau pour l'autel de sa paroisse. Van Dyck choisit le sujet de Saint-Martin, et se peignit lui-même sous la figure du saint, monté sur un cheval blanc, que Rubens lui avait donné pour faire sa route. La jeune Flamande regarde avec attention ce tableau, qui est ébauché. Ce sujet et les trois suivans, peints par M. *Ducis,* ont été répétés en petit, et réunis dans un seul cadre sous ce titre, *les Arts sous l'empire de l'Amour,* pour le cabinet de S. A. R. M.ᵐᵉ la Duchesse de Berry.

Pl. 19.ᵉ La Musique. Marie Stuart, dans son palais de Holywood House, en Écosse, exécute sur son clavecin la romance si touchante où elle a exprimé les regrets qu'elle a de quitter la France. David Rizzo, musicien, attaché au service de son palais, en qualité de secrétaire, l'accompagne sur son tuorbe. Rizzo passe en effet pour avoir composé l'air de cette romance.

Pl. 20.ᵉ La Sculpture. Properzia de Rossi, morte à Bologne en 1530, mérita d'être comptée parmi les plus célèbres sculpteurs de son temps. Éprise d'un jeune homme qui ne la payait pas de retour, elle sculpta un bas-relief dont le sujet était analogue à l'histoire de ses malheureuses amours, et crut, en représentant une femme délaissée comme elle, obtenir quelque soulagement à sa douleur. Dès-lors elle abandonna la sculpture ; mais, s'occupant toujours des arts, elle ne chercha plus que dans les sujets religieux le calme auquel elle aspirait.

Pl. 21.ᵉ La Poésie. Le Tasse, pour se donner l'occasion d'instruire la princesse Éléonore de l'amour qu'elle lui avait inspiré, récite devant elle un épisode de son poème, celui d'Olinde et de Sophronie.

Pl. 22.ᵉ Mariage de deux Bressans unis par leur aïeul ; petit tableau de M. *Genod*.

Pl. 23.ᵉ Psyché et l'Amour, par M. *Gérard*.

PL. 24.ᵉ Scène du déluge, par M. *Girodet-Trioson.* Un homme dans la vigueur de l'âge lutte contre la mort, et cherche à sauver son père, sa femme et ses enfans. Ce malheureux est parvenu à gravir avec eux le sommet d'un rocher et à s'accrocher à une branche d'arbre ; mais la branche rompt, et toute cette famille va rouler dans l'abîme.

PL. 25.ᵉ La Révolte du Caire, par M. *Girodet-Trioson.* La plus grande tranquillité régnait dans la ville du Caire, lorsque tout-à-coup les indices d'une sédition prochaine se manifestent. A la pointe du jour, des rassemblemens se forment dans divers quartiers de la ville, et sur-tout à la grande mosquée. Le général Dupuy, commandant de la place, qu'occupait l'armée française, s'avance à la tête d'une faible escorte pour les dissiper. Il est assassiné avec plusieurs officiers et quelques dragons. La sédition devient aussitôt générale : tous les Français que les révoltés rencontrent sont égorgés. Les Arabes se présentent aux portes de la ville ; la générale est battue : les Français s'arment et se forment en colonne mobile ; ils marchent contre les rebelles avec plusieurs pièces de canon. Ceux-ci se retranchent dans leur mosquée, d'où ils font un feu violent ; les Français redoublent de force et d'intrépidité ; le quartier des rebelles et la grande mosquée sont enfoncés.

A droite, sur le devant du tableau, est un mamlouk soutenant et défendant avec courage un jeune Turc mortellement blessé. On remarque aussi un nègre qui porte la tête sanglante d'un Français mort dans l'action.

PL. 26.ᵉ Le Sommeil d'Endymion, par M. *Girodet-Trioson.* Dans un bois de platanes, Endymion, couché sur une peau de tigre et sur un manteau, paraît plongé dans le plus profond sommeil. Près de lui on voit voltiger Zéphire écartant une branche pour laisser pénétrer la clarté de la lune, dont un rayon paraît se fixer sur les lèvres d'Endymion.

PL. 27.ᵉ Atala au tombeau, par M. *Girodet-Trioson.* Chactas et le P. Aubry déposent dans la tombe le corps d'Atala ; on remarque dans les mains de la jeune vierge une croix qu'elle tient sur sa poitrine. On lit sur un rocher cette inscription tirée des poésies de Job : *J'ai passé comme la fleur, j'ai séché comme l'herbe des champs.*

Pl. 28.ᵉ Intérieur de la basilique basse de Saint-François d'Assise, à Assise. Elle est desservie par des religieux franciscains. Le moment choisi par l'artiste est celui d'une grande cérémonie religieuse. Tableau de M. *Granet.*

Pl. 29.ᵉ François I.ᵉʳ et Charles-Quint visitant l'église de Saint-Denis, par M. *Gros.* En 1540, Charles-Quint, voulant se rendre promptement en Belgique, passa par Paris, où il resta six jours. Ayant manifesté le desir de visiter l'église de Saint-Denis, François I.ᵉʳ avec ses deux fils voulut l'y accompagner.

On remarque, avec le roi de France, Henri d'Albret son beau-frère, Antoine de Bourbon, qui épousa Jeanne d'Albret et fut père de Henri IV, Mathieu de Montmorency, connétable, l'abbé de Saint-Denis et son clergé.

Pl. 30.ᵉ Énée racontant à Didon les malheurs de Troie; tableau de M. *Guérin.* La scène se passe sur une terrasse d'où l'on découvre le promontoire sur lequel tout est en mouvement pour bâtir la nouvelle ville; au-delà l'on aperçoit la vaste mer qui la sépare des côtes d'Italie. Énée est représenté au moment où il fait à Didon le récit de la guerre de Troie. Près d'elle on aperçoit Anne, sœur de la reine, et Cupidon sous les traits d'Ascagne.

Pl. 31.ᵉ Clytemnestre, par M. *Guérin.* Cédant aux affreux conseils d'Égisthe, Clytemnestre a dévoué son époux à la mort. Cependant, près de frapper, elle reconnaît toute l'horreur du forfait; elle hésite : mais Égisthe la pousse vers le lit conjugal, et le crime va se consommer.

Pl. 32.ᵉ Andromaque, par M. *Guérin.* Oreste vient de la part des Grecs demander à Pyrrhus la mort d'Astyanax. Andromaque, aux pieds du fils d'Achille, le supplie de ne pas livrer son fils. Pyrrhus, vaincu par les larmes de la veuve d'Hector, se déclare en faveur de la mère et du fils. La jalouse Hermione s'éloigne en marquant son dépit.

Pl. 33.ᵉ Caïn après le meurtre d'Abel; tableau de M. *Paulin Guérin.* Caïn, suivi de sa femme et de ses enfans, se trouve arrêté au bord d'un précipice. Le tonnerre qui éclate au-

dessus de sa tête le remplit d'épouvante et réveille ses re-
mords. Sa femme s'évanouit en implorant la clémence
divine.

PL. 34.ᶜ Anchise et Vénus, par M. *Paulin Guérin.*

PL. 35.ᶜ La Mort d'Hippolyte, par M. *Guillemot.*

PL. 36.ᶜ Visite de Sully à la reine, le lendemain de la mort
de Henri IV ; tableau de chevalet par M.ᵐᵉ *Hersent, née
Mauduit.* Le sujet est tiré de ce passage des *Mémoires de
Sully :* « Lorsque je me trouvai en présence de la reine, le
» peu de constance dont je m'étais armé m'abandonna.
» Elle fit amener le roi (le jeune Louis XIII), dont les em-
» brassemens et les caresses furent un nouvel assaut auquel
» mon cœur eut bien de la peine à ne pas succomber. Je
» ne me souviens pas de ce que me dit ce jeune prince, ni
» de ce que je lui dis moi-même en ce moment. Je sais seu-
» lement qu'on eut bien de la peine à me l'arracher d'entre
» les bras, tant je le tenais étroitement serré. »

PL. 37.ᶜ Un enfant endormi gardé par un chien ; tableau de
M.ᵐᵉ *Husson,* veuve *Chaudet.* Un enfant au berceau avait
été laissé sous la garde d'un chien. Un serpent se glisse
dans la chambre ; le chien s'élance sur le reptile et le terrasse.
Le père en rentrant voit son chien accourir la gueule ensan-
glantée, et le tue, croyant qu'il a dévoré l'enfant ; mais il
reconnaît son erreur lorsqu'il trouve son fils sain et sauf,
et le serpent mort auprès du berceau.

PL. 38.ᶜ L'Enfance de Paul et Virginie, par M. *Landon ;*
sujet tiré des *Études de la Nature,* ouvrage de Bernardin
de Saint-Pierre.

PL. 39.ᶜ Cassandre, par M. *Langlois.* L'infortunée fille de
Priam est appuyée contre l'autel où elle vient d'offrir un
sacrifice. Ses mains, liées derrière le dos, annoncent la
violence dont Ajax s'est rendu coupable envers elle. Les
yeux élevés vers le ciel, elle implore la vengeance de Minerve
contre celui qui l'a outragée.

PL. 40.ᶜ Diane et Endymion, par M. *Langlois.*

Pl. 41.ᵉ Duguesclin enfant; tableau de chevalet par M. *Laurent.*
Un jour, la mère de Duguesclin, désolée de l'indocilité
de son fils, allait le punir, lorsqu'elle en fut détournée par
une religieuse de ses amies. Celle-ci fit approcher l'enfant,
examina ses traits, ses mains, sa physionomie, et prédit à
sa mère qu'il serait le plus grand personnage de son siècle.
« Au lieu de vous plaindre, dit-elle, d'être la mère d'un tel
» fils, remerciez Dieu de vous l'avoir donné ; car il relevera
» bien haut la gloire de votre famille. »

Pl. 42.ᵉ Vœu à une madone ; petit tableau de M.ᵐᵉ *Haude-
bourt-Lescot.* Des femmes de pêcheurs, accompagnées de
leurs enfans, sont entrées dans une chapelle, et adressent
à la Vierge des vœux pour le retour de leurs maris, qui
sont allés à la pêche et que l'orage a surpris. Une jeune
fille, appuyée sur une croisée, regarde avec effroi les effets
de la tempête.

Pl. 43.ᵉ Le Supplice des fils de Brutus, par M. *Lethière.*

Pl. 44.ᵉ L'Arioste respecté par des brigands ; tableau de chevalet par M. *Mauzaisse.* On raconte que l'Arioste, nommé
gouverneur de Grafagnogna, étant parti pour aller apaiser
des troubles qui s'étaient manifestés dans cette province,
fut arrêté en chemin par une troupe de brigands. Ceux-ci
se disposaient à lui enlever tout son bagage, lorsqu'il fut
reconnu par l'un d'eux. Au seul nom de l'Arioste, ils se
prosternèrent devant lui, rendirent tous les objets volés, et
témoignèrent par leurs transports la joie qu'ils éprouvaient
en voyant un poète si célèbre.

Pl. 45.ᵉ Le Rêve du bonheur, composition allégorique par
M.ˡˡᵉ *Mayer.* Deux jeunes époux dans une barque, avec
leur enfant, sont conduits sur le fleuve de la vie par l'Amour
et la Fortune.

Pl. 46.ᵉ Le berger Phorbas ayant trouvé Œdipe enfant,
abandonné et suspendu par les pieds à un arbre sur le mont
Cithéron, le porte dans le palais de Polybe, roi de Co-
rinthe, et le présente à la reine Péribée : elle est entourée
de femmes et de jeunes filles occupées à jouer de la lyre,
ou à de légers travaux de leur sexe. Tableau de M. *Meynier.*

(13)

PL. 47.ᵉ Les Restes de Phocion, par M. *Meynier*. Phocion, condamné par le peuple d'Athènes à boire la ciguë, expira, comme Socrate, dont il avait les vertus, victime d'une cabale jalouse et ignorante. On défendit de lui rendre les derniers devoirs, et son corps fut brûlé loin du territoire de l'Attique. Une femme de Mégare en rassemble les restes dans un pan de sa robe, et les porte dans sa maison. Là, au milieu de sa famille, après avoir passé la nuit à faire des prières et des libations, elle leur donna la sépulture près de l'autel de ses dieux.

PL. 48.ᵉ Oreste, après s'être livré à ses fureurs, épuisé de fatigue, s'endort dans les bras de sa sœur Électre; par M. *Picot*.

PL. 49.ᵉ La Justice et la Vengeance divine poursuivant le crime; tableau allégorique de M. *Prud'hon*.

PL. 50.ᵉ L'Éducation d'Achille par le centaure Chiron; tableau de M. *Regnault*.

PL. 51.ᵉ L'Anneau de Charles-Quint; tableau de chevalet par M. *Révoil*. L'empereur Charles-Quint avait obtenu de François I.ᵉʳ la permission de passer par la France pour aller à Gand apaiser une révolte. Le roi de France, qui avait été son prisonnier à la bataille de Pavie, le reçut à Fontainebleau avec les plus grands honneurs. Au milieu d'une fête que la cour lui donna, des personnes rappelant au roi sa captivité de Madrid, l'invitent à en tirer vengeance. De ce nombre est la duchesse d'Étampes. Charles l'apprend; il a recours à la ruse pour la mettre dans ses intérêts. Comme il va se laver les mains avant de se mettre à table, il tire de son doigt un anneau précieux et le laisse tomber exprès. La duchesse s'empresse de le ramasser et de le rendre : «Non, madame, lui dit-il; il est en de trop belles mains » pour le reprendre. » François I.ᵉʳ ne s'est pas aperçu de l'artifice de Charles. Triboulet, bouffon de la cour, ose lui montrer la liste des fous, sur laquelle il vient d'inscrire le nom de l'empereur, assez fou pour traverser la France. «Mais, dit le roi, si je le laisse passer, que feras-tu?— » J'effacerai son nom, et j'y mettrai le vôtre. » Le connétable de Montmorency paraît outré de cette hardiesse. Le cardinal de Tournon observe le dépit du connétable.

Pl. 52.ᵉ Convalescence de Bayard, par M. *Révoil.* Le chevalier sans peur et sans reproche, ayant été blessé à la prise de Brescia, se fit transporter dans une maison voisine du rempart, dont il avait préservé la maîtresse et ses deux filles des horreurs du sac de la ville. Ramenées chaque jour par la reconnaissance auprès du lit de leur défenseur, les jeunes personnes faisaient de la musique afin de charmer l'ennui de sa convalescence.

Pl. 53.ᵉ Massacre des mamlouks dans le château du Caire, ordonné par Mohamed-Ali-pacha, vice-roi d'Égypte. Le pacha, voulant détruire le corps redoutable des mamlouks, prend, pour mettre son projet à exécution, le jour d'une cérémonie qui devait précéder le départ d'un de ses fils pour la Mecque. A peine sont-ils entrés dans l'intérieur, que les portes se referment sur eux; des Albanais cachés derrière les créneaux, sur les remparts, sur les tours, font, à un signal donné, un feu des plus terribles sur ces malheureux, qui sont impitoyablement massacrés. Le pacha, placé au haut d'une terrasse d'où il ne peut être aperçu, et ayant derrière lui trois de ses officiers, ses confidens intimes, est témoin de cette affreuse catastrophe. C'est ainsi que fut détruite presque entièrement l'audacieuse milice des mamlouks. Tableau de M. *Horace Vernet.*

Pl. 54.ᵉ Joseph Vernet, par M. *Horace Vernet.* Joseph Vernet, célèbre peintre de marine, était, au moment d'une violente tempête, au milieu de la mer, dans une barque près d'être engloutie sous les eaux : sans s'effrayer des cris des matelots, qui croient toucher à leur dernier moment, il se fait attacher au mât, afin de n'être point ballotté et de pouvoir dessiner tranquillement.

Pl. 55.ᵉ La Mort de Le Sueur; tableau de chevalet de M. *Vignaud.* Ce peintre célèbre, s'étant retiré dans le monastère des Chartreux de Paris, où il peignit la vie de S. Bruno, fondateur de l'ordre, tomba malade et mourut à l'âge de trente-huit ans, dans les bras de ces religieux. Un de ses frères, le militaire appuyé sur la table, assiste à ses derniers momens.

Pl. 56.ᵉ Groupe en marbre représentant le berger Phorbas qui rappelle à la vie le petit Œdipe, qu'il vient de détacher de l'arbre; ouvrage de *Chaudet*.

Pl. 57.ᵉ Bas-relief allégorique représentant la France entourée des Vertus, et appelant ses enfans à sa défense; par *Moitte*. Ce modèle, de treize pieds de long sur trois et demi, avait été ordonné, en 1798, pour décorer le vestibule du palais du Luxembourg, du côté du jardin.

Pl. 58.ᵉ et dernière. La Baigneuse, statue en marbre par *Julien*. Elle avait été exécutée pour le palais de Rambouillet.

Pour compléter la note des objets employés à la décoration actuelle du palais du Luxembourg, nous joignons à cette liste l'indication de quelques tableaux dont on n'a pas donné la gravure.

Le portrait d'une négresse, par M.ᵐᵉ *Benoît*; quatre paysages, par M. *Bertin*; trois morceaux du même genre, par M. *Bidault*; un tableau d'architecture, par M. *Bouhot*; deux autres du même genre, par M. *Bouton*; une Magicienne, par M. *Broc*; David jouant de la harpe, par M. *Chéry*; une marine, par M. *Crépin*; un paysage, par M. *Demarne*; Vénus et Diane, par M. *Dubost*; un paysage, de M. *Dunouy*; un autre, de M. *Duperreux*; l'Intérieur d'une église, par M. *Granet*; trois tableaux de marine, par M. *Huc*; la Mort d'Endymion, par M. *Lafond* jeune; Bathilde, Galilée, deux petits tableaux de M. *Laurent*; deux paysages de M. *Hippolyte Lecomte*; le Baisement des pieds, la Confirmation, par M.ᶦˡᵉ *Lescot*; l'Avare puni, de M. *Menjaud*; un paysage de *Michallon*; le Dévouement de M. de Belzunce, par M. *Monsiau*; un paysage de M. *Régnier*; la Duchesse de Montmorency, par M. *Richard*; l'Amour aiguisant ses traits, par M. *Robert-Lefévre*; un paysage et l'intérieur d'un hôpital militaire, par M. *Adolphe Roehn*; trois paysages, par M. *Taunay*; les Femmes de Weinsberg, par M. *Trézel*; un paysage de M. le comte *Turpin de Crissé*; deux tableaux de fleurs, de M. *Vandael*, et deux de paysage, par M. *Watelet*.

Outre les trois morceaux de sculpture dont nous avons inséré le trait dans ce volume, on trouve, dans différentes pièces du même musée, un groupe de Psyché et l'Amour, par M. *Delaitre;* Psyché abandonnée, statue de *Pajou;* une Diane et une Vénus d'*Allegrain;* une statue de l'Amitié, ouvrage florentin, et quinze bustes, dont deux sont antiques. Deux modernes sont dus au ciseau de MM. *Houdon* et *Dupaty;* les autres, dont quatre sont en bronze, ont été copiés d'après l'antique.

Plusieurs parties de la galerie ont été décorées par M. *Naigeon* l'aîné, conservateur de ce musée. Les sujets sont allégoriques, et peints à l'imitation du bas-relief. Le tableau placé au centre du plafond, et qui représente le Lever de l'Aurore, est de M. *Callet.* Les douze tableaux qui l'accompagnent sont de *Jacques Jordaens,* peintre flamand, et représentent par des figures allégoriques les douze signes du zodiaque.

Fin de l'Explication des Planches.

SUPPLÉMENT.

L'impression de ce volume venait d'être terminée, lorsqu'on a réuni à la Galerie du Luxembourg plusieurs autres tableaux de l'école française moderne. Nous ajoutons ici, gravé au trait, un choix de ces compositions, et l'indication sommaire de celles qui n'ont pas été gravées. Un seul morceau a été déplacé pour être transféré dans la galerie du Musée royal, la Justice et la Vengeance divines poursuivant le crime, tableau de M. *Prud'hon.* (*Voyez* la Pl. 49.ᶜ).

EXPLICATION DES PLANCHES.

Pl. 59.ᶜ Métabus, roi des Volsques, tableau de M. *Coignet.* Métabus, détrôné et poursuivi par ses sujets, est arrêté dans sa fuite par un torrent. Près de le franchir, il attache sa fille à un javelot, et la voue à Diane, avant de la lancer à l'autre bord. (Sujet tiré de l'*Énéide*, liv. xi.)

Pl. 60.ᶜ Le jeune Clovis trouvé par un pêcheur, tableau de M. *Dubois.* Le jeune Clovis fut une victime de la cruauté de Frédégonde. Cette reine marâtre le fit assassiner et jeter dans la Marne. Un pêcheur, en retirant ses filets, trouva le corps du malheureux prince, et reconnut le fils des rois aux longues tresses de sa chevelure.

Pl. 61.ᶜ Dédale et Icare, par M. *Landon.*

Pl. 62.ᶜ La Descente de croix, par M. *Regnault.*

Pl. 63.ᶜ La Mort de S. Louis, par M. *Rouget.*

TABLEAUX DE GENRE ET PAYSAGES NON GRAVÉS.

La Sorcière, tête d'étude par Mme *Benoît.* Vue des montagnes de Ronciglione, par M. *Bidault.* Un Paysage, par le même, figures de M. *Lethière.* Le tombeau de Louis XII dans une des salles du ci-devant Musée des monumens français, par M. *Bouton.* Intérieur d'une Chapelle des Feuillans, par M. *Daguerre.* Une grande route, une Foire d'animaux, par M. *Demarne.* Marie-Thérèse présentant son fils aux Hongrois, tableau de M. *Fragonard.* Vue du Colisée, par M. *Granet.* Roger délivrant Angélique, par M. *Ingres.* Charlemagne reçu à la cathédrale de Worms, tableau de M. *Roëhn* père.

Fin de la Table du Supplément.

MUSÉE ROYAL

DU LUXEMBOURG.

II.

Beaune pinx.

C. Normand sc.

— 2. —

Bergeret pinx.

C. Normand sc.

Blondel. pinx.   C. Normand sc

Couder pinx.t
Réveil sc.

Coupin de la Couperie pinx.t

C. Normand sc.

L. David pinx.

C. Normand Sc.

David pinx.
Réveil sc.

David pinx!
Réveil sc.

DEA ROMA

David pinx.
Réveil sc.

David pinx.   C. Normand Sc.

Delacroix pinx.t   Reveil sc.

Delorme pinx.ᵗ

Reveil sc.

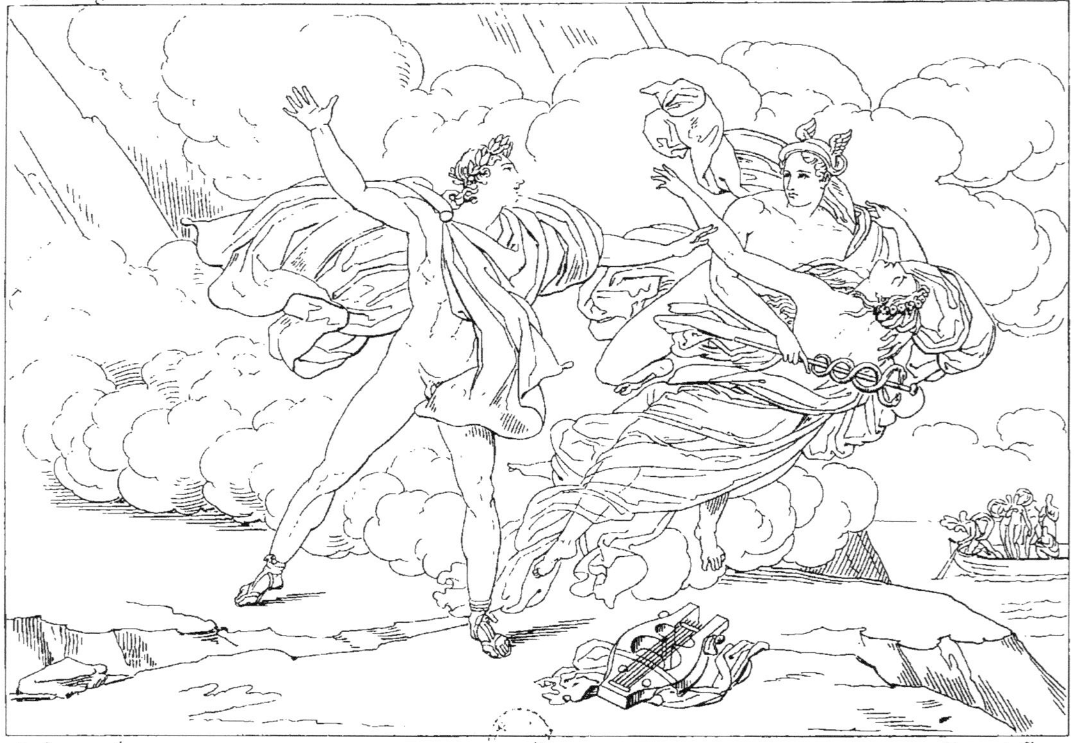

Drolling pinx.t

Normand fils sc.

Dubufe pinx.̈ Reveil. sc.

Ducis pinx.   C. Normand sc.

Ducis pinx.t   Réveil sc.

Ducis pinx.^t   Reveil sc.

Salon de 1814.
— 27. —
Pl. 17.
Ducis pinx.t
Mme Soyer sc.

Salon de 1822. Tom. II.
Pl. 22
Genod pinx.
Gaitte sc.

Gérard pinx.
C. Normand Sc.

Girodet pinx.t
C. Normand sc.

Girodet pinx.   Normand fils sc.

Girodet pinx.t

Devilliers l'ainé sc

Granet pinxit.   Gaitte sc.

Gros pinx.   M.me Soyer sc.

Salon de 1817.
-30.-
Pl. 4.
Guérin pinx.t
C. Normand sculp.t

Guérin pinx.   C. Normand sculp.

Guerin pinx.t
Normand fils sc.

Paulin Guerin pinx.t — Normand fils sc.

Paulin-Guérin pinx.t

Revel sc.

Salon de 1822.

Pl. 57

Guillemot pinx.t

Béneil sc.

Mme Hersent pinx.
C. Normand sc.

Mᵐᵉ Chaudet pinx.   C. Normand Sculp.

Landon pinx.   C. Normand Sc.

Langlois pinx.   Normand fils sculp.

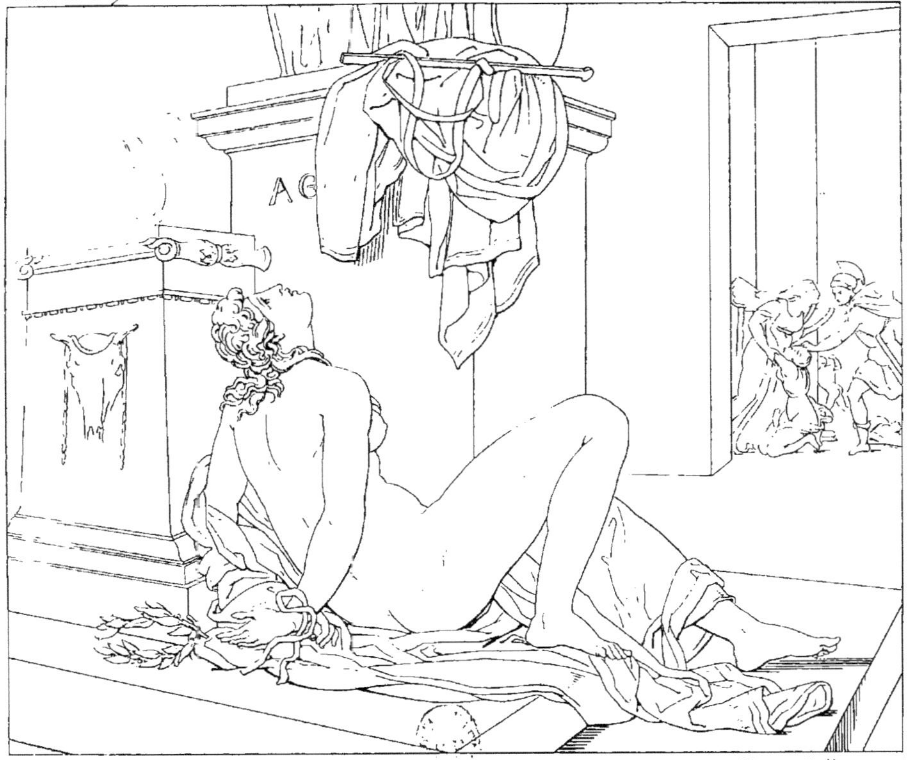

Langlois pinx.ᵗ   Reveil sc.

Laurent pinx.   C. Normand sc

Mlle Lescot pinx.t   Normand fils sculp.t

Le Thiers pinx.t   C. Normand sc.

Mauzaisse pinx.t

C. Normand sculp.t

Mlle Mayer pinx.t
Normand fils sc.

Meynier pinx.
Mme Soyer sc.

Meynier pinx.t

Normand sc.

Prud'hon pinx.
C. Normand sc.
19.

Regnault pinx.
C. Normand Sculp.

Renoit pinx!
C. Normand sc.

Revoil pinx.t   Devilliers ainé sculp.t

Horace Vernet pinx.t

C. Normand sc.

Horace Vernet pinx.t   C. Normand sc.

Vignaud pinx.t   C. Normand sc.

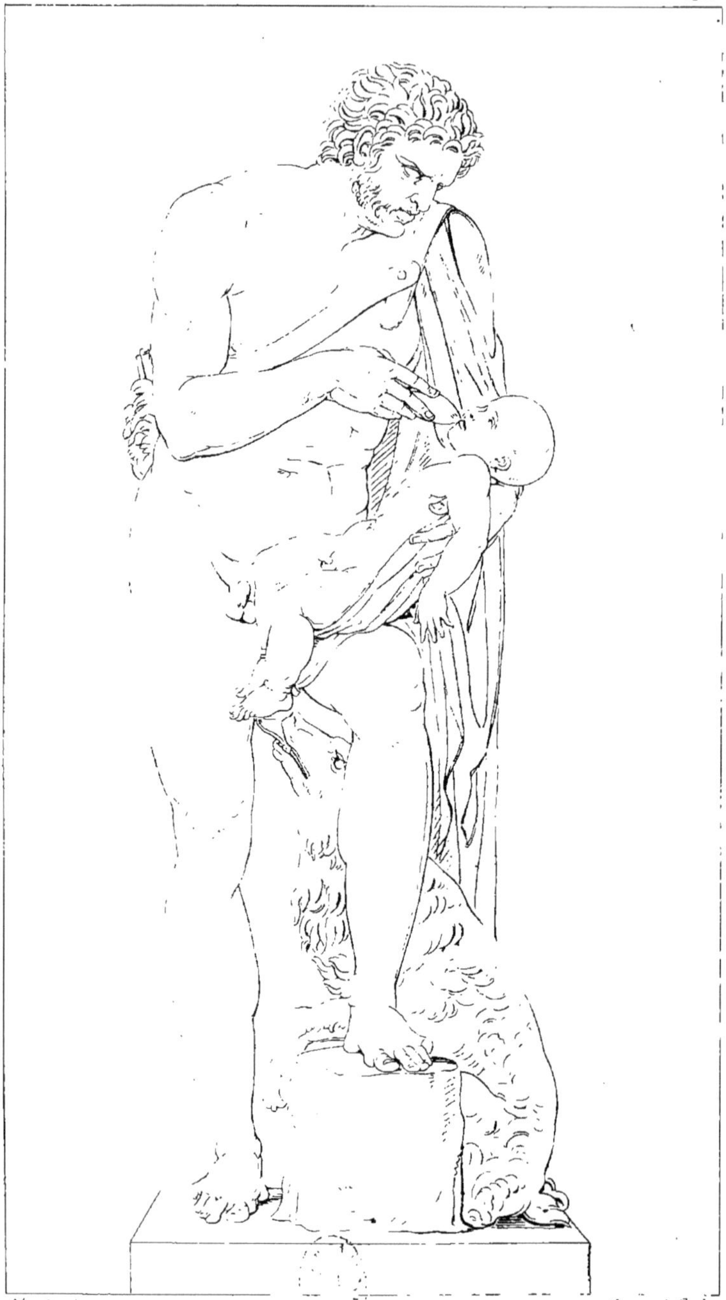

Chaulet inv.

Normand Sculp.

57.
N. 45. 46. 47.

—58.—

Julien inv.

C. Normand Sc.

Coquet pinx. Reveil sc.

F. Dubois pinx.^t   Réveil sc.

Landon pinx.
C. Normand Sc.

Regnault pinxt.   C. Normand Sculpt.

Rouget pinx.^t   C. Normand sculp.^t